rororo sport Herausgegeben von Bernd Gottwald

Hans-Dieter Kempf

Trainingsbuch Fitnessball

Gesunder Körper – Gesunder Rücken

Mit Fotos von Horst Lichte

6. Auflage 2010

Originalausgabe
Veröffentlicht im Rowohlt Taschenbuch Verlag,
Reinbek bei Hamburg, Oktober 1997
Copyright © 1997 by Rowohlt Taschenbuch Verlag GmbH,
Reinbek bei Hamburg
Redaktionsassistenz Thorsten Krause
Umschlaggestaltung Peter Wippermann / Jürgen Kaffer,
Büro Hamburg
(Fotostudio Marlies Imhoff, Bad Camberg)
Thera-Band® ist ein eingetragenes Warenzeichen
Satz Apollo PostScript, QuarkXPress 3.31
Gesamtherstellung CPI – Clausen & Bosse, Leck
Printed in Germany
ISBN 978 3 499 19464 1

Danksagung

Danken möchte ich allen, die an diesem Buch mitgewirkt haben: besonders
der Firma Thera-Band GmbH, Herrn Artzt, für ihre Unterstützung, Johanna
Rössler, Ute Jochmann, Claudia Bick, Frank Schmelcher und Christian Ziegler für die fachliche Diskussion und die Textkorrekturen, Eva Neu und Da-
vid Yalastasi als Fotomodels, der Firma Reebook für die Kleidung, der AOK
Karlsruhe für die Räumlichkeiten und Horst Lichte für die bewährt gute Fo-
toarbeit.

Hans-Dieter Kempf

Inhalt

Das Fitnessball – eine runde Sache 7
Größe und Handhabung des Fitnessballes 7
So sitzen Sie richtig auf Ihrem Fitnessball 8
Was Sie beim Üben beachten sollten 10

Die Übungen 13
Ballgewöhnung und Aufwärmen 14
Koordination 34
Kräftigung 42
   Rückenmuskulatur 42
   Bauchmuskulatur 56
   Gesäßmuskulatur 68
   Ganzkörperkräftigung 82
Kräftigung mit Fitnessball und Thera-Band 99
Dehnung und Entspannung 114

Partner- und Gruppenübungen 123
Ballgewöhnung, Aufwärmen und Koordination 124
Kräftigung 138
   Rückenmuskulatur 138
   Bauchmuskulatur 141
   Gesäßmuskulatur 144
   Ganzkörperkräftigung 146
Entspannung 154

Kurzprogramm Ballgewöhnung und Aufwärmen 158

Kurzprogramm Bauch – Beine – Po 160

Kurzprogramm Ganzkörperkräftigung (leicht) 162

Kurzprogramm Ganzkörperkräftigung (schwer) 164

Kurzprogramm Koordination 166

Kurzprogramm Partnerübungen 168

Kurzprogramm Fitnessball und Thera-Band   170

Kurzprogramm Dehnung und Entspannung   172

Anhang   174
Der Muskelapparat   174
Literaturverzeichnis   176
Der Autor   176

Der Fitnessball – eine runde Sache

Der Fitnessball, auch Gymnastik-, Pezzi- oder Physioball genannt, wurde ursprünglich im medizinischen Bereich eingesetzt. Sein hoher Aufforderungscharakter und seine vielseitige Verwendbarkeit machen ihn heute auch in Bewegung und Training, Freizeit und Spiel beliebt. Darüber hinaus eignet sich ‹der große Ball› hervorragend als Sitzgelegenheit. Besonders dem Einsatz innerhalb der Rückenschulen ist es zu verdanken, daß mittlerweile auf etwa drei bis fünf Millionen Bällen gesessen, geübt oder entspannt wird.

Im Training mit dem Fitnessball können Sie eine ganze Palette körperlicher Aktivität umsetzen. Intensive Körpererfahrung, Sinneswahrnehmung und Entspannung sind genauso möglich wie gezieltes Kraft- und Koordinationstraining und die Flexibilisierung bestimmter Körperbereiche.

Der Fitnessball bietet Gesundheitsförderung an Ort und Stelle. Finanziell erschwinglich, praktikabel und zeitsparend steigern Sie Ihr körperliches Wohlbefinden – ohne lange Wege und spezielle Vorbereitungen. Dieses Buch zeigt Ihnen, was mit dem Fitnessball alles möglich ist. Probieren Sie es aus!

Größe und Handhabung des Fitnessballes

- Der Fitnessball ist in gutsortierten Sportartikelhäusern erhältlich.
- Den Fitnessball gibt es in verschiedenen Größen (ab 35 cm Durchmesser) und Farben. Wenn Sie mit Ihrem Ball ausschließlich Übungen durchführen wollen, ist ein Durchmesser von 55 – 65 cm zu empfehlen. Um für das Sitzen Ihre passende Ballgröße zu ermitteln, setzen Sie sich am besten auf einen Ball. Ihre Kniebeugung sollte nicht weniger als

Körpergröße	Durchmesser des Balles
bis 125 cm	35 cm
bis 140 cm	45 cm
bis 155 cm	55 cm
bis 165 cm	65 cm
ab 175 cm	75 cm

90 Grad betragen. Günstig ist es, wenn die Oberschenkel leicht nach unten abfallen.

Haben Sie keine Möglichkeit, den Ball vorher zu testen, orientieren Sie sich an Ihrer Körpergröße. Ein Richtwert für den Durchmesser des passenden Balles ergibt sich, wenn Sie von Ihrer Körpergröße 100 cm abziehen.

- Der Durchmesser ist auf dem Ball aufgedruckt. Pumpen Sie den Ball bei Zimmertemperatur so weit auf, daß er beim Sitzen ein wenig nachgibt und nur leicht abflacht. Ein zu prall aufgepumpter Ball ist unangenehm beim Üben. Da das Material nachgibt, erreichen Sie den vollen Umfang erst bei nochmaligem Nachpumpen (nach ein bis zwei Tagen). Benutzen Sie dazu eine geeignete Pumpe (Kompressor), oder lassen Sie ihn an der Tankstelle aufpumpen.
- Die Fitnessbälle sind bis zu einem Gewicht von 400 kg extrem belastbar. Dennoch sollten Sie darauf achten, daß Sie den Ball nicht durch Hitze oder spitze, kantige Gegenstände (Messer, Schere, Reißnägel, Möbelecken) beschädigen. Die Luft lassen Sie heraus, indem Sie den Stöpsel mit einem Teelöffel oder einer Münze herausziehen. Ist der Ball unförmig oder beschädigt (z. B. kleines Loch oder Riß), tauschen Sie ihn durch einen neuen Ball aus, da sonst eine Unfallgefahr besteht.
- Der Ball läßt sich mit Wasser oder Seifenlauge leicht reinigen.
- Damit der Ball nicht wegrollt, lagern Sie ihn auf einem Tennisring, einem verknoteten Fahrradschlauch o. ä.

So sitzen Sie richtig auf Ihrem Fitnessball

Der Fitnessball ist in erster Linie ein Übungs- und Trainingsgerät. Er kann aber auch sehr gut als Sitzgelegenheit dienen. Die fehlende Rückenlehne, die labile Auflage und die leicht erhöhte Sitzfläche unterstützen ein aufrechtes, dynamisches Sitzen. Dadurch beugen Sie einer Haltungsmonotonie vor. Die ständige Be- und Entlastung bewirkt eine bessere Versorgung der Bandscheiben mit Nährstoffen, die dauernde Aktivierung der Haltemuskulatur setzt wichtige Entwicklungs- und Trainingsreize. Allerdings sitzen Sie auf dem Ball nicht automatisch aufrecht. Das müssen Sie wie bei jeder anderen Sitzgelegenheit erst üben.

Aufrechtes Sitzen auf dem Sitzball:
1. Setzen Sie sich aus sicherem Stand auf den Fitnessball. Ihre Füße stehen hüftbreit auseinander, Ihre Kniebeugung sollte nicht weniger

als 90 Grad betragen. Die Fersen stehen unter den Knien, und die Füße befinden sich ganz am Boden.
2. Kippen Sie das Becken nach vorne.
3. Schieben Sie Ihr Brustbein nach vorne oben, so als ob Sie stolz eine Medaille zeigen.
4. Ziehen Sie Ihr Kinn etwas heran (leichtes Doppelkinn) und blicken Sie geradeaus.
5. Versuchen Sie trotz der aufrechten Haltung locker zu sitzen, und erspüren Sie die kleinen Balancebewegungen Ihres Körpers.
6. Wechseln Sie die aufrechte Sitzhaltung mit anderen Sitz- und Ruhehaltungen ab.

Der Fitnessball – eine runde Sache

Eine ständige ungewohnte Beanspruchung der Muskulatur führt nach einer Weile zur Ermüdung oder Überlastung. Das können Sie daran erkennen, daß Sie wieder in eine krumme Haltung verfallen oder am nächsten Tag einen Muskelkater in der Rückenmuskulatur spüren. *Wir empfehlen Ihnen deshalb, den Fitnessball als willkommene Abwechslung zu Ihrem Fernsehsessel oder Ihrem Bürostuhl zu benutzen.* Auf dem Fitnessball sitzen Sie vermutlich etwas höher als auf dem Bürostuhl. Das hat Auswirkungen auf die Einstellung Ihres Arbeitstisches. Stellen Sie die Tischhöhe so ein, daß sich die Tischplatte etwa in Ellbogenhöhe befindet. Bei einem nicht höhenverstellbaren Schreibtisch können Sie diesen Höhenunterschied ggf. durch entsprechende Unterlegscheiben oder einen Pultaufsatz ausgleichen.

Was Sie beim Üben beachten sollten

- Tragen Sie beim Üben eine *lockere Freizeit- und Sportkleidung*, die am Körper anliegt und Ihre Bewegungsfreiheit nicht einschränkt. Üben Sie am besten barfuß, oder tragen Sie leichte Sportschuhe mit einer rutschfesten Sohle.
- Bei zu glattem oder zu hartem Boden können Sie eine Gymnastikmatte als *Unterlage* benutzen.

- Um Ihnen den Umgang mit diesem Buch zu erleichtern, sind die Übungen entweder unter ihrem *bewegungsspezifischen Thema* oder unter den jeweils *trainierten Muskeln bzw. Muskelgruppen* zusammengefaßt. Die *Übungsbeschreibung* ist textlich kurz und knapp verfaßt und wird durch Fotos verdeutlicht. *Ergänzende Übungshinweise* sagen Ihnen, worauf Sie besonders achten sollen. Die *Variationen* erlauben Ihnen, Übungen anders zu akzentuieren oder den Schwierigkeitsgrad zu steigern.
- Machen Sie sich erst *mit dem Ball vertraut*. Gewöhnen Sie sich an seine Eigenschaften und die verschiedenen Übungspositionen (Sitz, Bauchlage, Rückenlage).
- Achten Sie beim *Hinsetzen* darauf, daß sich der Fitnessball auch wirklich unter Ihrem Gesäß befindet. *Fixieren Sie den Ball* mit den Händen, bevor Sie sich setzen.
- Sie sollten sich etwa 5 – 10 Minuten *aufwärmen*, bevor Sie mit den Übungen anfangen. Das geht einfach mit einer Ball-Aerobic (S. 28) oder lockerem Rollen, bzw. Prellen des Balles (S. 14). Nach dem Training wirken Dehn- oder Entspannungsübungen wohltuend (S. 114).
- Die Übungen lassen sich entweder statisch, d. h. als Halteübung, oder dynamisch, d. h. mit Bewegung, ausführen. Je nach Trainingszustand und Intensität der Übung halten Sie *statische Kräftigungsübungen* (Halteübungen) über eine Dauer von 8 – 15 Sekunden. *Dehnübungen* führen Sie über eine Dauer von 20 – 30 Sekunden durch. *Dynamische Übungen* wiederholen Sie etwa 15 – 25mal.
- Für die *Entspannungsübungen* sollten Sie sich mindestens 5 – 15 Minuten Zeit nehmen.
- Führen Sie die Übungen zunächst *behutsam* aus. *Der Ball bildet für den Körper eine labile Unterlage*, so daß unkontrollierbare Beschleunigungen leicht auftreten können. Sie sollten beim Üben immer in der Lage sein, die Bewegungen an einer beliebigen Stelle abzustoppen.
- *Beobachten Sie sich während des Übens*, und kontrollieren Sie, ob Sie die Übung korrekt ausführen. Als Hilfsmittel können Sie dazu einen Spiegel, eine Fensterscheibe oder das Schattenbild an einer Wand benutzen. Vergleichen Sie Ihr Bewegungsgefühl mit dem äußeren Abbild.
- *Achten Sie* während des Übens *auf Ihre Haltung*. Insbesondere beim Hüpfen und Wippen sollten Sie Ihre Wirbelsäule ‹gerade› halten, damit es nicht zu unphysiologischen Belastungen kommt.
- *Atmen Sie* während des Übens *gleichmäßig*. Sie können eine Preßatmung gut vermeiden, indem Sie hörbar ausatmen, beim Üben zählen oder sich unterhalten.
- *Schmerz ist ein Warnsignal Ihres Körpers!* Treten beim Üben Beschwerden auf, brechen Sie die Übung sofort ab. Überprüfen Sie, ob Sie die Übung

richtig ausführen. Sollten weiterhin Schmerzen auftreten, sprechen Sie Ihren Arzt oder Physiotherapeuten daraufhin an.

- Wählen Sie die *individuell richtige Belastung*. Belasten Sie sich so, daß Sie sich dabei wohl fühlen. Wollen Sie die Intensität steigern, erhöhen Sie zuerst die Wiederholungszahl bzw. die Haltedauer, erst danach die Serienzahl. Sie können die Übungen durch Variation intensiver gestalten, z. B. durch die Vergrößerung der Körperhebel, indem Sie einen Arm oder ein Bein wegstrecken, oder durch die Erhöhung der Labilität, indem Sie die Auflagefläche des Körpers verkleinern (z. B. durch Anheben von Händen oder Füßen).

- Versuchen Sie, *regelmäßig* zu *üben*. Trainieren Sie zwei- bis dreimal in der Woche etwa 40−60 Minuten. Beginnen Sie Ihr persönliches Übungsprogramm mit einem kurzen Aufwärmteil. Schließen Sie daran Koordinations- und Kräftigungsübungen an, bevor Sie mit Dehnungs- und Entspannungsübungen enden. Die Kurzprogramme (ab S. 158) erleichtern Ihnen die Übungszusammenstellung. Versuchen Sie *abwechslungsreich und ausgewogen zu trainieren*, d. h. viele Muskelgruppen in das Programm miteinzubeziehen. Wählen Sie insbesondere diejenigen Übungen, die Ihnen guttun und Spaß machen.

- ‹Mit Musik geht alles besser.› Benutzen Sie bei dynamischer Bewegungsausführung, z. B. beim Rollen und beim Prellen, flotte *Musik, die zur Bewegung animiert*, z. B. Rock 'n' Roll, südamerikanische Musik oder Disco-Musik. Bei ruhiger Übungsausführung benutzen Sie eher langsame oder klassische Musik. Zur Entspannung eignet sich meditative Musik.

Die Übungen

Ballgewöhnung und Aufwärmen	**14 – 33**
Koordination	**34 – 41**
Kräftigung	**42 – 97**
Rückenmuskulatur	**42 – 55**
Bauchmuskulatur	**56 – 67**
Gesäß- und Beinmuskulatur	**68 – 81**
Ganzkörperkräftigung	**82 – 97**
Kräftigung mit Fitnessball	
und Thera-Band	**99 – 113**
Dehnung und Entspannung	**114 – 121**

Ballgewöhnung und Aufwärmen

Rollen und Prellen

Übungsbeschreibung:

1. Rollen Sie den Ball mit den Händen in verschiedene Richtungen. Treiben Sie ihn mit verschiedenen Körperteilen an.
2. Prellen Sie den Ball abwechselnd mit der rechten und der linken Hand.
3. Versuchen Sie mehrmals den liegenden Ball hochzuprellen.

Die Übungen 15

Balancieren

Übungsbeschreibung:
1. Balancieren Sie den Ball auf der Hand.
2. Balancieren Sie den Ball auf verschiedenen Körperteilen, z. B. dem Kopf, dem Fuß oder dem Rücken.

Die Übungen 17

Hinsetzen und Aufstehen

Übungsbeschreibung:
1. Fixieren Sie den Ball mit beiden Händen.
2. Setzen Sie sich auf den Ball.
3. Stehen Sie wieder auf und stellen Sie sich dabei vor, es ziehe Sie jemand an Ihrem Kopf nach vorne oben.

Ergänzende Übungshinweise:
- Achten Sie beim Hinsetzen darauf, daß der Ball sich unter Ihrem Gesäß befindet.
- Schieben Sie beim Aufstehen Ihr Brustbein aktiv nach vorne oben.

Ballgewöhnung und Aufwärmen

Federndes Sitzen

Übungsbeschreibung:
1. Setzen Sie sich auf den Ball. Verlagern Sie im Wechsel Ihren Oberkörper nach vorne oben, so daß Ihr Gesäß leicht abhebt, und setzen Sie sich dann wieder hin.
2. Federn Sie auf dem Ball locker auf und ab.

Ergänzende Übungshinweise:
- Halten Sie den Rücken gerade.
- Zur Unterstützung der Körperaufrichtung drücken Sie Ihre Handflächen auf die Oberschenkel oder neben dem Gesäß auf den Ball.

Die Übungen

Beckenkippung im Sitzen

Übungsbeschreibung:

1. Rollen Sie den Ball mit dem Gesäß etwas nach vorne, und kippen Sie dabei Ihr Becken nach hinten.
2. Rollen Sie den Ball etwas nach hinten und kippen dabei Ihr Becken nach vorne.

Ergänzende Übungshinweise:

- Ihr Oberkörper bleibt ruhig, die Bewegung findet im Becken statt.
- Stellen Sie sich Ihr Becken als eine Wasserschüssel vor, die Sie auffüllen bzw. ausschütten.

Die Übungen

Seitliche Beckenkippung im Sitzen

Übungsbeschreibung:
1. Rollen Sie den Ball abwechselnd etwas nach rechts und nach links.
2. Ziehen Sie währenddessen die rechte bzw. linke Beckenseite bewußt nach oben. Halten Sie den Oberkörper dabei ruhig.

Variation:
- Bauchtanz: Lassen Sie Ihr Becken kreisen.

Ergänzender Übungshinweis:
- Ihr Oberkörper bleibt ruhig, die Bewegung findet im Becken statt.

Die Übungen

Gleichgewicht im Sitzen

Übungsbeschreibung:

1. Nehmen Sie im aufrechten Sitz eine Grundspannung auf. Heben Sie abwechselnd ein Bein und halten Sie Ihr Gleichgewicht.
2. Führen Sie zusätzlich Armbewegungen aus. Stabilisieren Sie dabei Ihren Oberkörper.

Die Übungen

Rückenlage auf dem Ball

Übungsbeschreibung:
1. Setzen Sie sich auf den Ball. Rollen Sie mit dem Gesäß so weit nach unten, bis die Lenden- und die Brustwirbelsäule vom Ball gestützt werden.
2. Stabilisieren Sie den Ball mit Ihren Händen.
3. Rollen Sie mit dem Ball nach hinten, so daß Ihr Rücken auf dem Ball liegt.

Variationen:
- Atmen Sie in der Rückenlage tief ein und aus.
- Nehmen Sie in der Rückenlage die Arme nach hinten, solange Sie keine Beschwerden verspüren.

Ergänzender Übungshinweis:
- Bei dieser Übung kommt es zur Streckung der Brustwirbelsäule.

Bauchlage auf dem Ball

Übungsbeschreibung:
1. Legen Sie sich in Bauchlage auf den Ball. Stellen Sie Ihre Hände und Fußspitzen auf den Boden.
2. Schaukeln Sie zur Gewöhnung auf dem Ball vor und zurück, indem Sie sich mit den Händen und den Füßen im Wechsel abdrücken.
   Diese Übung entspannt und entlastet die Wirbelsäule.

Ergänzender Übungshinweis:
- Verbinden Sie die Bewegung mit Ihrem Atemrhythmus.

Die Übungen

Ball-Aerobic im Sitzen

Übungsbeschreibung:

1. Führen Sie verschiedene Bein- und Fußbewegungen aus:
- Rollen Sie auf die Zehen und auf die Fersen.
- Gehen Sie auf der Stelle. Variieren Sie dabei die Fußstellung, z. B. hüftbreit, schulterbreit, auseinander und zusammen, vor und wieder zurück (Basic-Step), vorne auseinander und hinten wieder zusammen (V-Step).
2. Kombinieren Sie Beinbewegungen mit Armbewegungen:
- Pendeln Sie die Arme neben dem Körper.
- Bewegen Sie die Arme seitlich auf und ab.
- Winkeln Sie wechselseitig die Unterarme an.
- Ziehen Sie die Arme von vorne nach hinten.
- Führen Sie die Unterarme aus der U-Halte nach vorne zusammen.
- Strecken Sie die Arme schräg nach oben.

Ergänzender Übungshinweis:
- Halten Sie Ihren Rücken gerade.

Die Übungen 29

Hampelmann im Sitzen

Übungsbeschreibung:

1. Öffnen und schließen Sie beim Federn die Beine, und führen Sie die Arme seitlich nach oben und unten. Klatschen Sie oben in die Hände.
2. Führen Sie Knie und gegenüberliegenden Ellbogen im Wechsel zusammen.

Die Übungen 31

Variationen:

- Stellen Sie die Beine seitlich weg.
- Strecken Sie die Beine wechselseitig nach vorne weg («Kosakentanz»).
- Bewegen Sie die Beine nach rechts und links («Skihüpfer»).

Ergänzender Übungshinweis:

- Halten Sie Ihren Rücken gerade.

Die Übungen 33

Koordination

Schwebesitz

Übungsbeschreibung:
1. Setzen Sie sich auf den Ball.
2. Lösen Sie Ihre Füße vom Boden.

Ergänzende Übungshinweise:
- Halten Sie den Rücken gerade.
- Fühlen Sie sich unsicher, so lassen Sie sich von einem Partner Hilfestellung geben.

Knien auf dem Ball

Übungsbeschreibung:
1. Versuchen Sie, auf dem Ball zu knien. Drücken Sie dabei die Knie und Unterschenkel gegen den Ball.
2. Halten Sie das Gleichgewicht.

Ergänzender Übungshinweis:
- Zur Sicherung halten Sie sich an einem Gegenstand oder Partner fest. Fühlen Sie sich sicher, lösen Sie den Kontakt.

Vierfüßlerstand

Übungsbeschreibung:
1. Versuchen Sie, den Vierfüßlerstand für einige Sekunden auf dem Ball zu halten.
2. Probieren Sie, Ihr Gleichgewicht zu verlagern oder einen Arm (Fuß) leicht zu machen.

Variation:
- Schieben Sie zusätzlich einen Arm weg.

Ergänzende Übungshinweise:
- Üben Sie eventuell mit einem Partner, der Ihnen Hilfestellung gibt.
- Halten Sie Abstand zu Möbeln.

Die Übungen

Positionswechsel

Übungsbeschreibung:

1. Wechseln Sie abwechselnd von der Rückenlage ins Sitzen.
2. Wechseln Sie abwechselnd von der Bauchlage ins Sitzen.
3. Wechseln Sie abwechselnd von der Bauchlage in die Rückenlage.

Ergänzender Übungshinweis:

- Diese Übung erfordert einige Geschicklichkeit. Gewöhnen Sie sich zuerst an die jeweiligen Ausgangs- und Endstellungen.

Die Übungen

Seitenwechsel

Übungsbeschreibung:

1. Rollen Sie mit Ihrem Gesäß über den Ball nach rechts und nach links.
2. Heben Sie an den Endpunkten das Gesäß vom Ball ab. Halten Sie den Ball mit der Hand.
3. Vergrößern Sie die Bewegung, bis Sie zum Stand kommen.

Ergänzender Übungshinweis:

- Diese Übung wird sehr anspruchsvoll, wenn Sie auch den Handkontakt zum Ball lösen.

Die Übungen 41

Kräftigung

Rückenmuskulatur

Übungsbeschreibung:
1. Legen Sie sich in Bauchlage auf den Ball. Stützen Sie sich mit den Händen und den Füßen am Boden ab.
2. Ziehen Sie im Wechsel ein Bein zu sich heran, und strecken Sie das andere Bein nach hinten weg.

Ergänzender Übungshinweis:
- Halten Sie den Kopf in Verlängerung der Wirbelsäule.

Rückenmuskulatur

Übungsbeschreibung:
1. Legen Sie sich in Bauchlage auf den Ball. Stützen Sie sich mit den Händen und den Füßen am Boden ab.
2. Strecken Sie ein Bein nach hinten weg, und ziehen Sie die Fußspitze an.
3. Strecken Sie den diagonalen Arm in Körperhöhe nach vorne.
4. Schieben Sie Fuß und Hand gegen einen gedachten Widerstand weg.

Variation:
- Bewegen Sie Arm und Bein seitlich nach außen.

Ergänzende Übungshinweise:
- Halten Sie den Kopf in Verlängerung der Wirbelsäule.
- Arm und Bein befinden sich auf Höhe des Rumpfes.

Die Übungen

Rückenmuskulatur

Übungsbeschreibung:
1. Legen Sie sich in Bauchlage auf den Ball. Stützen Sie sich mit Ihren Füßen am Boden oder an einer Wand ab. Der Oberkörper bildet eine Linie.
2. Führen Sie die Arme wie beim Kraulen wechselseitig am Körper entlang nach vorne und nach hinten.

Variation:
- Halten Sie die Arme in U-Halte neben dem Kopf. Führen Sie die angewinkelten Arme gleichzeitig nach oben und nach unten.

Ergänzende Übungshinweise:
- Halten Sie den Kopf in Verlängerung der Wirbelsäule.
- Die Arme werden beim Kraulen dicht am Körper entlanggeführt.
- Sie trainieren mit der Übung besonders die schulterblattfixierende Muskulatur.

Kräftigung – Rückenmuskulatur

Rückenmuskulatur

Übungsbeschreibung:
1. Heben Sie in Bauchlage auf dem Ball gleichzeitig die Arme und die Beine an.
2. Versuchen Sie die Position zu halten.

Ergänzende Übungshinweise:
- Tasten Sie sich langsam an die «Waage» heran, indem Sie zuerst die Beine und dann nacheinander die Hände lösen.
- Versuchen Sie, Ihren ganzen Körper anzuspannen.
- Diese Übung schult auch Ihr Gleichgewichtsgefühl.

Die Übungen 45

Rückenmuskulatur

Übungsbeschreibung:

1. Knien Sie sich hinter den Ball, und legen Sie sich
   darüber. Berühren Sie mit den Händen Ihre Schläfen,
   und nehmen Sie die Ellbogen nach hinten.
2. Heben Sie den Oberkörper bis zur Waagerechten an,
   und senken Sie ihn wieder.
3. Rollen Sie danach die Wirbelsäule bewußt Wirbel für
   Wirbel nach oben.

Variation:

• Heben Sie den Oberkörper seitlich an.

Ergänzender Übungshinweis:

• Heben Sie den Oberkörper nur so weit, daß Sie keinen
  Schmerz verspüren.

Die Übungen 47

Rücken- und Gesäßmuskulatur

Übungsbeschreibung:

1. Legen Sie in Rückenlage beide Beine auf den Ball.
   Drücken Sie die Handrücken gegen den Boden und
   ziehen Sie die Zehen an.
2. Heben und senken Sie das Gesäß im Wechsel.

Die Übungen 49

Variation:

- Drehen Sie beide Beine abwechselnd nach rechts und nach links.
- Lösen Sie die Arme vom Boden. Halten Sie Ihren Rumpf stabil.
- Führen Sie zusätzliche Armbewegungen durch.

Ergänzende Übungshinweise:

- Heben Sie das Gesäß nur so weit nach oben, bis der Körper eine Linie bildet.
- Intensivieren Sie die Ausführung erst, wenn Sie den Körper stabil halten können.

Die Übungen 51

Rücken- und Gesäßmuskulatur

Übungsbeschreibung:

1. Legen Sie in Rückenlage beide Beine auf den Ball. Heben Sie das Becken nach oben.
2. Lösen Sie ein Bein vom Ball. Halten Sie den Rumpf stabil.
3. Ziehen Sie ein Knie heran und strecken Sie es wieder ab.

Die Übungen

Variationen:

- Lassen Sie das Knie angewinkelt, heben und senken Sie Ihr Becken.
- Führen Sie mit einem Bein verschiedene Bewegungen durch, z. B. beugen und strecken, radfahren, kreisen, nach innen und nach außen schwenken.
- Heben Sie zusätzlich zum angehobenen Bein Ihre Arme an.
- Führen Sie verschiedene Armbewegungen durch.

Ergänzende Übungshinweise:

- Wichtig ist die Stabilisierung des Körpers.
- Halten Sie das Becken oben. Führen Sie die Bewegungen langsam aus.

Die Übungen

Kräftigung

Bauchmuskulatur

Übungsbeschreibung:
1. Setzen Sie sich auf den Ball. Bewegen Sie Ihren aufrechten Oberkörper nach hinten. Fühlen Sie die Spannung in der vorderen Rumpfmuskulatur.
2. Halten Sie die Endposition für einige Sekunden.
3. Erhöhen Sie die Intensität, indem Sie die Arme nach oben nehmen und ein imaginäres Handtuch (oder ein Thera-Band) auseinanderziehen.

Variation:
• Zur Intensivierung wandern Sie mit den Füßen etwas nach vorne, so daß Ihr Gesäß ein Stück nach unten rollt.

Ergänzende Übungshinweise:
• Halten Sie den Rücken gerade.
• Achten Sie darauf, daß Ihr Becken nicht nach hinten kippt.
• Um die Rückenmuskulatur zu trainieren, bewegen Sie den Oberkörper nach vorne.

Die Übungen

Bauchmuskulatur

Übungsbeschreibung:
1. Legen Sie sich rücklings auf den Ball.
2. Ziehen Sie das Kinn leicht heran. Heben Sie den Kopf.
3. Schieben Sie das Brustbein in Richtung Decke, bis der Oberkörper eine Linie bildet.

Ergänzende Übungshinweise:
- Sollten Sie Probleme haben, den Kopf zu heben, unterstützen Sie ihn mit einer Hand.
- Leiten Sie die Bewegung mit dem Brustbein ein.
- Rollen Sie die Schultern nicht zu weit nach vorne.

Die Übungen

Bauchmuskulatur

Übungsbeschreibung:
1. Legen Sie sich in Rückenlage auf den Boden, Ihre Handflächen zeigen nach oben. Klemmen Sie den Ball zwischen Unter- und Oberschenkel.
2. Heben Sie den Ball, indem Sie die Knie leicht nach oben schieben.

Ergänzender Übungshinweis:
- Es ist günstig, wenn der Ball nicht zu stark aufgepumpt ist.

Bauchmuskulatur

Übungsbeschreibung:
1. Lassen Sie in Rückenlage den Ball mit Händen und Füßen rotieren.
2. Werfen Sie den Ball abwechselnd von den Füßen zu den Händen.

Variation:
- Halten Sie den Ball zwischen Ihren Füßen. Heben Sie ihn an, und trommeln Sie mit den Händen einen Rhythmus.

Ergänzende Übungshinweise:
- Halten Sie Ihren Rumpf stabil, wenn Sie den Ball von den Füßen zu den Händen werfen.
- Mit dieser Übung schulen Sie auch Ihre koordinativen Fähigkeiten.

Bauchmuskulatur

Übungsbeschreibung:

1. Legen Sie sich rücklings auf den Ball. Strecken Sie die Arme nach oben.
2. Heben Sie die Schultern, und schieben Sie die Arme so weit zur Decke nach oben, bis der Oberkörper eine Linie bildet.

Variationen:

- Schieben Sie abwechselnd den rechten und den linken Arm (Schulter) nach oben.
- Führen Sie mit den Armen unterschiedliche Bewegungen aus, z. B. Armkreisen, Kraulen, Boxen.

Ergänzende Übungshinweise:

- Halten Sie den Kopf in Verlängerung der Wirbelsäule.
- Mit der Übungsvariation trainieren Sie vor allem die schräge Bauchmuskulatur.

Die Übungen

Bauchmuskulatur

Übungsbeschreibung:
1. Winkeln Sie in der Rückenlage Ihre Beine an. Halten Sie den Ball auf Ihrem Bauch.
2. Rollen Sie den Ball mit beiden Händen nach oben auf die Knie.
3. Nach kurzem Halten rollen Sie den Ball wieder nach unten.

Variationen:
- Rollen Sie den Ball an einem Knie nach oben und nach unten.
- Tippen Sie mit dem gehobenen Ball abwechselnd auf das Knie und auf den Boden.

Ergänzende Übungshinweise:
- Halten Sie den Kopf in Verlängerung der Wirbelsäule.
- Beim einseitigen Hochrollen trainieren Sie stärker die schräge Bauchmuskulatur.

Kräftigung – Bauchmuskulatur

Die Übungen

Bauchmuskulatur

Übungsbeschreibung:

1. Überkreuzen Sie in Rückenlage die angewinkelten Beine, und drücken Sie die Fußaußenseiten gegeneinander.

2. Die Arme halten in U-Halte den Ball. Heben Sie die Arme und die Schultern. Schieben Sie dabei bewußt das Brustbein nach oben.

Variation:

• Heben Sie jeweils eine Schulterseite etwas höher und schieben so das Brustbein schräg nach oben.

Ergänzende Übungshinweise:

• Durch die lange Hebelwirkung ist diese Übung recht intensiv.

• Stabilisieren Sie Ihre Wirbelsäule und weichen nicht ins Hohlkreuz aus.

Die Übungen

Kräftigung

Gesäßmuskulatur

Übungsbeschreibung:
1. Legen Sie sich in Bauchlage auf den Ball. Stützen Sie sich mit den Händen am Boden ab, und strecken Sie beide Beine nach hinten.
2. Öffnen und schließen Sie die Beine.

Variation:
- Paddeln Sie mit den Beinen nach oben und nach unten.

Ergänzender Übungshinweis:
- Stabilisieren Sie Ihren Rumpf.

Die Übungen

Gesäßmuskulatur

Übungsbeschreibung:
1. Stützen Sie sich in Bauchlage mit den Händen am Boden ab und strecken Sie beide Beine nach hinten.
2. Winkeln Sie die Unterschenkel im rechten Winkel an.
3. Heben Sie Ihre Oberschenkel vom Ball ab und schieben Sie die Fersen nach oben in Richtung Decke.

Ergänzender Übungshinweis:
- Spannen Sie Ihre Bauchmuskulatur, um nicht ins Hohlkreuz auszuweichen.

Gesäß- und Rückenmuskulatur

Übungsbeschreibung:
1. Legen Sie sich rücklings auf den Ball. Gehen Sie mit den Füßen auf der Stelle.
2. Halten Sie den Oberkörper möglichst stabil.

Variation:
- Rollen Sie auf dem Ball so weit nach vorne, bis nur noch die Schultern und der Kopf aufliegen. Halten Sie das Becken oben. Von dort heben und senken Sie es in kleinen Bewegungsausschlägen.

Ergänzende Übungshinweise:
- Halten Sie Ihr Becken oben.
- Diese Übung schult ihre koordinativen Fähigkeiten.

Gesäß- und Rückenmuskulatur

Übungsbeschreibung:
1. Legen Sie sich rücklings auf den Ball. Strecken Sie abwechselnd ein Bein weg. Den Ball sollten Sie zur Sicherung mit den Händen stützen.
2. Erhöhen Sie die Labilität, indem Sie die Hände vom Ball lösen. Halten Sie den Körper möglichst stabil.

Variationen:
- Führen Sie zusätzlich Armbewegungen durch.
- Zur Kräftigung der Wadenmuskulatur lassen Sie beide Beine stehen und heben die Fersen ab.

Ergänzende Übungshinweise:
- Halten Sie Ihr Becken oben.
- Diese Übung schult auch Ihre koordinativen Fähigkeiten.

Kräftigung – Gesäß- und Beinmuskulatur

Die Übungen 73

Oberschenkel- und Wadenmuskulatur

Übungsbeschreibung:
1. Setzen Sie sich auf den Ball. Rollen Sie so weit wie möglich nach vorne. (Vorsicht bei glattem Boden!)
2. Heben Sie die Fersen ab. Versuchen Sie den Körper zu stabilisieren.

Ergänzende Übungshinweise:
- Passen Sie auf, daß der Ball nicht nach hinten wegrutscht.

Hintere Oberschenkelmuskulatur

Übungsbeschreibung:
1. Legen Sie sich in Rückenlage auf den Boden. Ziehen Sie die Zehen heran, und drücken Sie die Fersen fest in den Ball.
2. Heben Sie das Becken leicht vom Boden ab.

Ergänzender Übungshinweis:
- Heben und senken Sie das Becken langsam.

Bein- und Rückenmuskulatur

Übungsbeschreibung:

1. Federn Sie im Sitz auf dem Ball. Bei jedem dritten Federn heben Sie das Gesäß ein wenig vom Ball ab und neigen den Oberkörper nach vorne. Versuchen Sie, die Bewegung von verschiedenen Körperteilen aus einzuleiten.
2. Strecken Sie Ihre Arme in U-Halte nach oben.

Variation:

- «Schaufensterfiguren»: Arme und Oberkörper stellen bei jeder Wiederholung eine andere Figur dar. Lassen Sie Ihre Phantasie spielen.

Ergänzende Übungshinweise:

- Halten Sie den Rücken gerade.
- Stoppen Sie die Bewegung an verschiedenen Punkten ab.
- Eine Intensivierung erreichen Sie durch die größere Neigung des Oberkörpers und eine stärkere Beugung der Beine.

Die Übungen 77

Beininnenseite (Oberschenkelanzieher) und Bauchmuskulatur

Übungsbeschreibung:

1. Winkeln Sie in der Rückenlage die Beine an und nehmen Sie den Fitnessball zwischen Ihre Unter- und Oberschenkel.
2. Drücken Sie die Beine gegen den Ball.
3. Heben Sie den Ball nach oben an. Dadurch beziehen Sie die Bauchmuskulatur stärker ein.

Die Übungen

Variationen:
- Drehen Sie sich mit stabilem Oberkörper zur Seite. Halten Sie den Ball seitlich nach oben.
- Heben Sie den Ball in Seitlage mit gestreckten Beinen an.

Ergänzender Übungshinweis:
- Bei den Übungsvariationen kräftigen Sie besonders die seitliche Rumpf- und Bauchmuskulatur.

Die Übungen

Kräftigung

Ganzkörperkräftigung, Mobilisierung der Wirbelsäule

Übungsbeschreibung:
1. Legen Sie sich in Bauchlage auf den Ball. Rollen Sie nach vorne und ziehen Sie dabei Ihre Knie unter den Bauch.
2. Stoppen Sie die Bewegung an verschiedenen Stellen. Stabilisieren Sie dabei den Körper.

Ergänzende Übungshinweise:
- Probieren Sie diese Bewegung zunächst ganz langsam.
- Setzen Sie sich ganz auf die Fersen ab. Das Gewicht lastet dabei auf dem Ball.

Ganzkörperkräftigung, Mobilisierung der Wirbelsäule

Übungsbeschreibung:
1. Legen Sie sich in Bauchlage auf den Ball. Bringen Sie beim Nachvornerollen Ihre Knie unter den Bauch.
2. Bewegen Sie in der aufgeknieten Stellung die Knie leicht nach rechts und nach links.
3. Bringen Sie schon beim Aufknien Ihre Knie abwechselnd nach rechts und nach links.

Ergänzende Übungshinweise:
- Wenn sich der Ball unter Ihren Knien befindet, beugen Sie aktiv Ihre Knie an.
- Verändern Sie das Bewegungstempo.
- Sie sollen jederzeit in der Lage sein, die Bewegung abzustoppen.

Die Übungen

Ganzkörperkräftigung

Übungsbeschreibung:

1. Legen Sie sich in Bauchlage auf den Ball. Wandern Sie mit Ihren Händen nach vorne, bis Ihr Becken auf dem Ball aufliegt. Der Körper bildet dabei eine Linie, d. h., die Wirbelsäule ist gestreckt und der Kopf wird in Verlängerung der Wirbelsäule gehalten (Blick zum Boden).
2. Halten Sie die Körperspannung für einen Moment, und wandern Sie dann mit den Händen wieder zurück.
3. Versuchen Sie, die Körperspannung bei verschiedenen Stützpunkten (Hüfte, Knie, Füße) zu halten.

Variationen:
- Heben Sie in den Endstellungen ein Bein vom Ball ab.
- Tippeln Sie mit den Händen schnell auf der Stelle nach rechts und links, nach vorne und hinten.
- Federn Sie mit gestrecktem und gespanntem Körper auf dem Ball. Halten Sie die Spannung, machen Sie kein Hohlkreuz.
- Drehen Sie Ihren gestreckten Körper nach rechts und nach links.
- Öffnen Sie Ihre Beine zu einer Schere. Tasten Sie sich langsam an diese Rotationsbewegung heran.

Ergänzender Übungshinweis:
- Halten Sie während der Übung die Körperspannung, ohne abzuknicken.

Die Übungen 87

Ganzkörperkräftigung

Übungsbeschreibung:
1. Bewegen Sie im aufrechten Sitz Ihre Unterarme ähnlich einem Scheibenwischer vor Ihrem Körper von rechts nach links.
2. Halten Sie dabei Ihren Oberkörper stabil.

Variationen:
- Halten Sie die Ellbogen neben Ihrem Körper, und führen Sie mit Ihren Unterarmen Schneidebewegungen durch.
- Führen Sie die unterschiedlichsten Armbewegungen durch: Melken, Rudern, Kraulschwimmen oder Brustschwimmen.

Ergänzender Übungshinweis:
- Variieren Sie das Tempo der Armbewegungen.

Die Übungen

Ganzkörperkräftigung

Übungsbeschreibung:
1. Bewegen Sie im aufrechten Sitz die gestreckten Arme neben dem Körper gegeneinander nach vorne und nach hinten.
2. Strecken Sie die Arme vor den Körper, fassen Sie die Hände, und bewegen Sie die gestreckten Arme wechselseitig schnell nach rechts und links.
3. Heben Sie zusätzlich ein Bein an.

Ergänzender Übungshinweis:
- Halten Sie Ihren Oberkörper während der Übung stabil.

Die Übungen

Ganzkörperkräftigung

Übungsbeschreibung:
1. Legen Sie sich in Bauchlage auf den Ball.
2. Wandern Sie mit den Händen so weit nach vorne, bis das Becken den Ball berührt.
3. Spannen Sie die Rumpf-, Gesäß- und Beinmuskulatur an.
4. Beugen und strecken Sie die Arme.

Variationen:
- Intensivieren Sie die Übung, indem Sie mit den Händen weiter nach vorne wandern.
- Setzen Sie die Hände weiter innen oder weiter außen auf.
- Gut trainierte Personen können zusätzlich ein Bein vom Ball abheben.

Ergänzende Übungshinweise:
- Halten Sie während der Übung den Rücken gerade.
- Mit dieser Übung kräftigen Sie besonders die Schultergürtel-, Arm- und Brustmuskulatur.

Ganzkörperkräftigung

Übungsbeschreibung:

1. Stützen Sie sich mit den Unterarmen auf den Ball.
2. Spannen Sie die Rumpfmuskulatur an.
3. Heben Sie die Knie etwas nach oben.

Variationen:

- Bewegen Sie den Ball minimal nach rechts und links, nach vorne und hinten.
- Gehen Sie mit den Füßen auf der Stelle.
- Gehen Sie leicht nach rechts und nach links.
- Zur Intensivierung vergrößern Sie den Abstand zwischen Ball und Füßen oder heben sogar einen Unterarm an.

Ergänzende Übungshinweise:

- Diese Übung ist sehr anspruchsvoll und besonders für gut trainierte Personen geeignet.
- Stabilisieren Sie Ihren Oberkörper, d. h., machen Sie keinen Buckel oder hängen Sie nicht durch.

Die Übungen

Ganzkörperkräftigung

Übungsbeschreibung:

1. Stützen Sie sich in Seitlage mit dem Unterarm auf den Ball.
2. Legen Sie das obere Bein vor das untere Bein, und ziehen Sie die Zehen heran.
3. Spannen Sie die Rumpfmuskulatur an.
4. Heben Sie das Becken bis zur Streckung nach oben.

Variation:

• Zur Intensivierung können Sie den Unterarm noch leicht nach vorne bzw. nach hinten rollen.

Ergänzender Übungshinweis:

• Diese Übung ist sehr anspruchsvoll und besonders für gut trainierte Personen geeignet.

Kräftigung mit Fitnessball und Thera-Band

Einige Hinweise zum Umgang mit dem Thera-Band

- Das Thera-Band ist in gutsortierten Sportartikelhäusern erhältlich.
- Die *Farbe des Thera-Bandes* kennzeichnet den Widerstand. Sie sollten die Farbe so wählen, daß Sie eine Übung ca. 15–20mal wiederholen können. Die Praxis hat gezeigt, daß das grüne (bzw. rote) Thera-Band für Frauen und das blaue (bzw. grüne) Thera-Band für Männer am besten geeignet sind.
- In der Ausgangsstellung sollte das Band bereits *leicht vorgedehnt* sein. Dadurch erreichen Sie eine muskuläre Gelenksicherung.
- *Fixieren Sie das Band* je nach Übung mit Ihren Händen oder unter Ihren Füßen.
- Achten Sie auf eine *sichere Befestigung* (Knoten, Schlingen) des Bandes.
- *Wickeln Sie das Band breitflächig* um die Körperteile, um Abschnürungen der Haut zu vermeiden.
- Führen Sie die *Bewegungen fließend und mit gleichmäßigem Tempo* durch.

Rückenmuskulatur

Übungsbeschreibung:

1. Legen Sie sich in Bauchlage auf den Ball. Heben Sie den Oberkörper bis zur Waagrechten.
2. Strecken Sie die Arme mit dem vorgespannten Thera-Band nach vorne. Ziehen Sie dann die Ellbogen nach hinten bis in die U-Halte-Position.

Variationen:

• Strecken Sie aus der U-Halte die Arme nach außen.
• Strecken Sie einen Arm nach vorne und den anderen Arm nach hinten.

Ergänzender Übungshinweis:

• Halten Sie den Kopf in Verlängerung der Wirbelsäule.

Die Übungen

Aufrichtemuskulatur der Brustwirbelsäule

Übungsbeschreibung:

1. Legen Sie das Thera-Band auf den Ball. Setzen Sie sich auf das Thera-Band und den Ball. Legen Sie es großflächig über beide Unterarme.
2. Halten Sie die Ellbogen in Schulterhöhe. Greifen Sie mit beiden Händen an Ihren Nacken.
3. Beugen Sie Ihre Brustwirbelsäule, und rollen Sie mit dem Ball leicht zurück. Schieben Sie die Ellbogen nach vorne oben, und strecken Sie die Brustwirbelsäule (Aufrichtung). Dabei rollen Sie mit dem Ball leicht nach vorne.

Ergänzende Übungshinweise:

* Führen Sie die Aufrichtebewegung bewußt durch.
* Beugen Sie nicht im unteren Wirbelsäulenabschnitt.

Die Übungen

Bauchmuskulatur

Übungsbeschreibung:
1. Legen Sie sich in Rückenlage auf den Ball, das Thera-Band unter Ihren Schultern. Schieben Sie die Hände nach oben, und heben Sie die Schultern leicht an.
2. Schieben Sie abwechselnd den rechten und den linken Arm nach oben.

Ergänzender Übungshinweis:
- Zur Intensivierung schieben Sie aus der Endstellung die Arme (Schultern) in kleinen Amplituden etwas höher und wieder zurück.

Bauchmuskulatur

Übungsbeschreibung:
1. Legen Sie sich in Rückenlage auf den Ball.
2. Heben Sie Ihr Brustbein, und ziehen Sie das Thera-Band mit den Armen diagonal auseinander.

Variation:
- Sie können diese Übung dynamisch oder statisch ausführen. Bei der statischen Ausführung halten Sie das gespannte Thera-Band für einige Sekunden in der Endstellung.

Rumpfmuskulatur, Mobilisation der Wirbelsäule

Übungsbeschreibung:
1. Legen Sie das Thera-Band auf den Ball. Setzen Sie sich aufrecht auf das Thera-Band und den Ball.
2. Strecken Sie beide Arme nach oben. In dieser Position muß das Thera-Band leicht vorgespannt sein.
3. Schieben Sie im Wechsel die Arme nach oben, und versuchen Sie gleichzeitig, das Gesäß auf der Gegenseite anzuheben.

Ergänzender Übungshinweis:
- Halten Sie den Kopf in Verlängerung der Wirbelsäule.

Schultergürtelmuskulatur

Übungsbeschreibung:
1. Setzen Sie sich auf den Ball, und fixieren Sie das Thera-Band mit Ihren etwa hüftbreit auseinandergestellten Füßen.
2. Neigen Sie Ihren aufrechten Oberkörper etwas nach vorne, und fassen Sie das vorgespannte Thera-Band mit den Händen.
3. Führen Sie Ihre Ellbogen nach hinten oben. Halten Sie Ihren Oberkörper stabil.

Ergänzende Übungshinweise:
- Halten Sie den Kopf in Verlängerung der Wirbelsäule.
- Sie kräftigen mit dieser Übung besonders die schulterblattfixierende Muskulatur.

Arm-, Schultergürtel- und Brustmuskulatur

Übungsbeschreibung:

1. Legen Sie das Thera-Band um Ihren Rücken. Wandern Sie in der Bauchlage so weit nach vorne, bis das Becken auf dem Ball aufliegt.
2. Spannen Sie Ihre Rumpf- und Gesäßmuskulatur an.
3. Beugen und strecken Sie die Arme.

Ergänzende Übungshinweise:

- Halten Sie Ihren Kopf in Verlängerung der Wirbelsäule.
- Halten Sie Ihren Oberkörper stabil.

Die Übungen

Gesäßmuskulatur

Übungsbeschreibung:
1. Legen Sie das Thera-Band um Ihr Becken. Legen Sie sich in Rückenlage auf den Boden, die Fersen auf den Ball. Die Arme liegen fest mit dem Handrücken nach unten neben dem Körper.
2. Heben Sie Ihr Becken gegen das gespannte Thera-Band, bis Ihr Körper eine Linie bildet.
3. Senken und heben Sie das Becken in kleinen Bewegungsausschlägen aus der Endposition heraus.

Variation:
- Schieben Sie die rechte und linke Hüfte im Wechsel gegen das Thera-Band.

Kräftigung mit Fitnessball und Thera-Band

Die Übungen 111

Gesäß- und Beinmuskulatur

Übungsbeschreibung:
1. Verknoten Sie das Thera-Band, und schlingen Sie es oberhalb der Sprunggelenke um Ihre Beine. Legen Sie sich seitlich auf den Ball.
2. Spreizen und schließen Sie Ihre Beine.

Variationen:
- Öffnen Sie in Bauchlage die Beine seitlich.
- Öffnen Sie in Bauchlage die Beine nach oben und nach unten.

Ergänzender Übungshinweis:
- Der Körper bildet eine Linie.

Die Übungen

Dehnung und Entspannung

Dehnung der hinteren Oberschenkelmuskulatur

Übungsbeschreibung:
1. Setzen Sie sich auf den Ball. Strecken Sie ein Bein nach vorne.
2. Schieben Sie aus der aufrechten Haltung das Brustbein behutsam in Richtung der Zehen des gestreckten Beins.
3. Rollen Sie den Ball dabei nach hinten, bis Sie eine Dehnung auf der Oberschenkelrückseite spüren.

Ergänzende Übungshinweise:
- Spüren Sie ein Ziehen in der Kniekehle, beugen Sie das Bein etwas mehr.
- Halten Sie den Fuß locker und ziehen Sie die Zehen nicht heran.

Dehnung der Beinanzieher

Übungsbeschreibung:
1. Strecken Sie im aufrechten Sitz ein Bein seitlich weg.
2. Rollen Sie mit dem Ball von Ihrem gestreckten Bein weg, bis Sie eine Dehnung an der Beininnenseite spüren.

Ergänzender Übungshinweis:
- Halten Sie den Oberkörper aufrecht.

Dehnung der Hüftbeugemuskulatur

Übungsbeschreibung:
1. Strecken Sie aus dem aufrechten Sitz ein Bein nach hinten weg.
2. Rollen Sie mit dem Ball nach vorne, bis Sie eine Dehnung an der Hüftvorderseite des nach hinten gestreckten Beins spüren.

Ergänzender Übungshinweis:
- Spannen Sie zusätzlich die Gesäßhälfte des nach hinten gestreckten Beines an.

Dehnung der hinteren Hüftmuskulatur

Übungsbeschreibung:
1. Legen Sie sich in Rückenlage auf den Boden. Stellen Sie einen Fuß auf den Ball.
2. Führen Sie den Knöchel des anderen Beins auf das Knie.
3. Rollen Sie den Ball behutsam zu sich heran, bis Sie eine Dehnung an der Hüftrückseite des angewinkelten Beines spüren.

Ergänzende Übungshinweise:
- Zur Intensivierung drücken Sie das Knie des angewinkelten Beines nach hinten.
- Bei Schmerzen im Hüftgelenk brechen Sie diese Übung ab.

Die Übungen

Dehnung der seitlichen Rumpfmuskulatur

Übungsbeschreibung:
1. Legen Sie sich seitlich über den Ball.
2. Senken Sie den Oberkörper, bis Sie eine Dehnung an der seitlichen Rumpfmuskulatur spüren.

Ergänzender Übungshinweis:
- Strecken Sie den Arm so weit wie möglich, und machen sich ganz lang.

Dehnung der Brustmuskulatur

Übungsbeschreibung:
1. Knien Sie sich vor den Ball, und legen Sie die Hände darauf.
2. Rollen Sie den Ball ein wenig nach vorne, und schieben Sie das Brustbein in Richtung Boden.

Variation:
- Rollen Sie den Ball nach rechts und links.

Ergänzende Übungshinweise:
- Weichen Sie nicht in ein Hohlkreuz aus. Die Bewegung geht vom Brustbein aus.
- Die Bewegung fördert die Beweglichkeit der Brustwirbelsäule und der Schultergelenke.

Die Übungen

Entspannung, Entlastung der Wirbelsäule

Übungsbeschreibung:
1. Legen Sie sich in Rückenlage auf den Boden, und setzen Sie die Unterschenkel auf den Ball.
2. Wandern Sie in Gedanken die Wirbelsäule entlang, und erfühlen Sie, an welchen Stellen der Rücken Kontakt zur Unterlage hat.

Ergänzender Übungshinweis:
- Lassen Sie mit jeder Ausatmung mehr Spannung aus Ihrem Körper herausströmen.

Dehnung und Entspannung

Entspannung, Stufenlagerung

Übungsbeschreibung:
1. Legen Sie sich in Rückenlage auf den Boden, und setzen Sie die Unterschenkel auf den Ball.
2. Lassen Sie beide Beine leicht nach rechts und nach links pendeln.

Ergänzender Übungshinweis:
- Unterstützen Sie die Pendelbewegung durch beruhigende Musik.

Partner- und Gruppenübungen

Ballgewöhnung, Aufwärmen
und Koordination   124–137

Kräftigung   138–153

Rückenmuskulatur   **138–140**

Bauchmuskulatur   **141–143**

Gesäß- und Oberschenkelmuskulatur   **144–145**

Ganzkörperkräftigung   **146–153**

Entspannung   154–157

Ballgewöhnung, Aufwärmen und Koordination
Rollen

Übungsbeschreibung:

1. Rollen Sie die Bälle schnell umeinander herum.
2. «Carambolage»: Lassen Sie Bälle gegeneinander-stoßen.
3. «Rollballfangis»: Fangen Sie Ihren Partner. Dabei muß eine Hand immer am Ball bleiben.
4. Tauschen Sie die Bälle schnell untereinander aus.

Ergänzende Übungshinweise:

- Sorgen Sie für ausreichend Platz.
- Halten Sie Ihren Oberkörper aufrecht.
- Sie schulen mit diesen Übungen auch Ihre koordinativen Fähigkeiten.

Partner- und Gruppenübungen 125

Prellen und Werfen

Übungsbeschreibung:
1. Prellen Sie sich die Bälle zu.
2. Prellen Sie beide Bälle gleichzeitig. Vielleicht können Sie dazu noch eine Drehung ausführen.
3. Sichern Sie Ihren eigenen Ball, und versuchen Sie, den Ball vom Partner wegzutippen.
4. Werfen Sie sich die Bälle zu.
5. Kombinieren Sie Werfen und Prellen miteinander.

Ergänzende Übungshinweise:
- Beugen Sie beim Prellen Fuß, Knie- und Hüftgelenke.
- Sie schulen mit diesen Übungen auch Ihre koordinativen Fähigkeiten.

Partner- und Gruppenübungen 127

Hüpfen und Federn

Übungsbeschreibung:
1. Hüpfen Sie auf dem Ball vorwärts. Mit den Händen transportieren Sie den Ball.
2. Klemmen Sie den Ball fest zwischen die Beine, fassen Sie sich an den Händen, und hüpfen Sie aneinander vorbei.
3. «Hüpfballfangis». Versuchen Sie, sich gegenseitig hüpfend zu fangen.

Ergänzende Übungshinweise:
- Halten Sie den Oberkörper aufrecht.
- Achten Sie darauf, daß sich der Ball immer unter Ihrem Gesäß befindet.

Ballgewöhnung, Aufwärmen und Koordination

Partner- und Gruppenübungen 129

Balltransport

Übungsbeschreibung:
1. Transportieren Sie einen Ball zu zweit mit Ihren Körpern, ohne daß er den Boden berührt.
2. Versuchen Sie es mit zwei Bällen.
3. Drehen Sie sich um den Ball.

Variation:
- Experimentieren Sie mit der Aufgabenstellung.

Partner- und Gruppenübungen 131

Balliege

Übungsbeschreibung:

1. Legen Sie sich rücklings auf zwei Bälle. Stabilisieren Sie Ihre Lage. Ihr Partner leistet Ihnen Hilfestellung.

Ergänzender Übungshinweis:

- Noch stabiler ist die Hilfestellung von zwei Personen.

Partner- und Gruppenübungen

Wechseln

Übungsbeschreibung:
1. Prellen Sie den Fitnessball im gleichen Rhythmus.
2. Zählen Sie «eins – zwei – drei», und wechseln Sie bei «drei» auf den Platz Ihres rechten (linken) Nachbarn. Übernehmen Sie dessen Ball. So wandern Sie im Kreis, und die Bälle bleiben immer auf der Stelle.

Variation:
• Sie prellen Ihren Ball bei der Zahl «drei» zum rechten (linken) Nachbarn.

Ergänzender Übungshinweis:
• Wirkungsvoll ist dieses Spiel besonders in einer großen Gruppe.

Partner- und Gruppenübungen 135

Balancieren in der Gruppe

Übungsbeschreibung:
1. Setzen Sie sich im Kreis auf Ihre Bälle. Drücken Sie Ihre Handflächen gegen die Handflächen Ihres rechten und linken Nachbarn. Versuchen Sie einen oder beide Füße vom Boden abzuheben.

Variation:
- Balancieren Sie auf dem Ball in verschiedenen Lagen (Fersensitz, Bauchlage, Kniestand).

Ergänzende Übungshinweise:
- Stabilisieren Sie beim Üben Ihren Rumpf.
- Experimentieren Sie mit der Aufgabenstellung. Es gibt noch viele Varianten.

136   Ballgewöhnung, Aufwärmen und Koordination

Baumstammflößen

Übungsbeschreibung:
1. Ein Gruppenmitglied legt sich auf einen Ball und macht sich ganz steif (Körperspannung).
2. Rollen Sie die Person nun behutsam über aneinandergereihte Bälle.

Ergänzende Übungshinweise:
- Die Bälle sollten einigen Abstand voneinander haben.
- Lassen Sie sich von einem Partner sichern.

Kräftigung

Rücken- und Gesäßmuskulatur

Übungsbeschreibung:
1. Sie liegen in Rückenlage auf dem Boden, die Fersen auf dem Ball. Heben Sie Ihr Becken vom Boden ab.
2. Ihr Partner bewegt den Ball in verschiedene Richtungen. Sie versuchen, mit Ihrem Körper stabil zu bleiben.
3. Ihr Partner drückt seitlich an Ihrem Körper. Halten Sie die Körperspannung.

Variation:
- Heben Sie bei den Übungen ein Bein an.

Ergänzender Übungshinweis:
- Der Partner sollte nur so fest drücken, wie Sie in der Lage sind, den Körper noch zu stabilisieren.

Rücken-, Arm- und Schultergürtelmuskulatur

Übungsbeschreibung:
1. Drücken Sie in Bauchlage auf dem Ball die gegenüberliegende Hand Ihres Partners. Halten Sie dabei Ihren Rumpf stabil.
2. Zur Intensivierung strecken Sie das jeweils gegenüberliegende Bein nach hinten weg.

Variationen:
- Geben Sie sich die Hände.
- Halten oder schieben Sie sich an den Schultern.

Ergänzender Übungshinweis:
- Halten Sie den Kopf in Verlängerung der Wirbelsäule.

Rücken-, Arm- und Schultergürtelmuskulatur

Übungsbeschreibung:
1. Wandern Sie auf dem Ball nach vorne, bis Ihr Becken auf dem Ball aufliegt. Halten Sie Ihren Körper in Bauchlage unter Spannung.
2. Versuchen Sie, die Hände Ihres Partners abzuschlagen.

Variation:
- Fassen Sie sich an den Händen und versuchen Sie, dabei das Gleichgewicht zu halten.

Ergänzender Übungshinweis:
- Spannen Sie Ihren Körper bei der Übung an.

Kräftigung

Bauchmuskulatur

Übungsbeschreibung:
1. Beide Partner liegen auf dem Rücken und halten den Ball zwischen Ihren Füßen.
2. Heben Sie wechselweise Ihre Schultern zur Seite an, so daß Sie sich zuwinken können.

Variation:
- Drehen Sie gemeinsam den Ball mit den Füßen in der Luft.

Ergänzende Übungshinweise:
- Sie können die Übung dynamisch oder statisch ausführen.
- Unterlagern Sie die Lendenwirbelsäule ggf. mit einem Lendenkissen.

Bauchmuskulatur

Für diese Partner-Übung benötigen Sie ein Thera-Band.

Übungsbeschreibung:
1. Setzen Sie sich im aufrechten Grätschsitz neben Ihren Partner.
2. Ziehen Sie das Thera-Band mit gestreckten Armen vor Ihrem Körper vorbei. Die Knie zeigen den Bewegungsumfang an. Schauen Sie während der Übungsausführung den Händen nach. Die aufrechte Sitzposition wird während der Übung nicht verändert.

Ergänzende Übungshinweise:
- Arme und Oberkörper drehen gleichzeitig, das Becken bleibt stabil.
- Ziehen Sie nur von einem zum anderen Knie.

Kräftigung – Bauchmuskulatur

Bauchmuskulatur

Für diese Partner-Übung benötigen Sie ein Thera-Band.

Übungsbeschreibung:
1. Beide Partner liegen in Rückenlage Kopf an Kopf auf ihrem Ball. Heben Sie die Arme mit dem vorgespannten Thera-Band über den Kopf.
2. Ziehen Sie die gestreckten Arme von hinten nach vorne.
3. Heben Sie Ihre Schultern dabei so weit an, bis der Rumpf etwa eine Linie bildet.

Ergänzende Übungshinweise:
- Ziehen Sie das Band gleichzeitig von hinten nach vorne.
- Um die schräge Bauchmuskulatur mehr zu beanspruchen, ziehen Sie diagonal nach vorne.

Kräftigung

Gesäß- und Oberschenkelmuskulatur

Übungsbeschreibung:
1. Legen Sie sich diagonal gegenüber an den Ball. Lehnen Sie das ballnahe Bein seitlich an den Ball, und winkeln Sie das andere Bein an.
2. Ziehen Sie die Zehen des gestreckten Beines heran, und drücken Sie seitlich gegen den Ball. Der Körper bleibt am Boden liegen.
3. Heben Sie zusätzlich noch Ihr Becken an.

Ergänzender Übungshinweis:
- Ihr Becken verdreht sich während der Übung nicht.

Vordere Oberschenkelmuskulatur

Übungsbeschreibung:
1. Nehmen Sie den Ball zwischen Ihre Rücken.
2. Beugen Sie die Beine, bis die Oberschenkel waagrecht stehen. Halten Sie die Position, und richten Sie sich langsam wieder auf. Die Knie zeigen in Richtung Ihrer Zehen.

Ergänzende Übungshinweise:
- Die Knie dürfen beim Beugen nicht nach innen oder nach außen wandern. Die Füße zeigen in Richtung der Oberschenkel.
- Beugen Sie nicht weiter als 90 Grad.

Partner- und Gruppenübungen

Kräftigung

Ganzkörperkräftigung

Übungsbeschreibung:

1. Sie sitzen aufrecht auf dem Ball. Ihr Partner gibt Ihnen mit der Hand an verschiedenen Körperteilen dosierte Widerstände.
2. Versuchen Sie, jeweils eine Gegenspannung aufzubauen und die aufrechte Sitzhaltung beizubehalten.
3. Heben Sie nun noch ein Bein an.

Ergänzender Übungshinweis:

- Der Druck sollte nur so stark sein, daß der Oberkörper noch stabil gehalten werden kann.

Partner- und Gruppenübungen

Ganzkörperkräftigung

Übungsbeschreibung:
1. Nehmen Sie in aufrechtem Sitz die Arme in U-Halte neben den Kopf.
2. Ihr Partner drückt einen Ellbogen nach vorne und zieht den anderen Ellbogen nach hinten.
3. Sie versuchen Ihren Körper stabil zu halten.

Ergänzender Übungshinweis:
- Halten Sie die Spannung erst 10–15 Sekunden, später wechseln Sie die Seiten schneller.

Ganzkörperkräftigung

Übungsbeschreibung:
1. Die Partner sitzen sich auf ihren Bällen gegenüber. Drücken Sie Ihre Oberschenkel leicht gegen die Oberschenkel Ihres Partners.
2. Drücken Sie Ihre diagonal liegenden Unterarme gegeneinander.

Variation:
- Ihr Partner drückt von außen gegen Ihre Oberschenkel. Mit der einen Hand schieben Sie sich weg, mit der anderen Hand ziehen Sie sich heran.

Ergänzender Übungshinweis:
- Damit Sie während der Übung atmen, erzählen Sie sich etwas.

Partner- und Gruppenübungen

Ganzkörperkräftigung

Übungsbeschreibung:

1. Setzen Sie sich Rücken an Rücken auf einen Ball.
2. Heben Sie jeweils ein Bein nach oben.
3. Versuchen Sie, den Partner wegzuschieben.

Ergänzende Übungshinweise:

- Sie bleiben während der Übung auf dem Ball sitzen.
- Die Übung schult auch Ihr Gleichgewichtsgefühl.

Partner- und Gruppenübungen *151*

Ganzkörperkräftigung

Übungsbeschreibung:
1. Sie liegen in Bauchlage auf dem Fitnessball.
2. Ihr Partner umfaßt Sie oberhalb der Sprunggelenke und schiebt Sie behutsam in verschiedene Richtungen. Halten Sie Ihren Körper stabil.

Ergänzende Übungshinweise:
- Die Bewegungen sollten nicht zu ausladend sein, da Ihr Partner Sie sonst nicht mehr halten kann.
- Die Übung schult auch Ihr Gleichgewichtsgefühl.

Ganzkörperkräftigung

Übungsbeschreibung:
1. Sie sitzen aufrecht auf dem Ball. Schieben Sie einen Arm und das gegenüberliegende Bein von sich weg.
2. Ihr Partner gibt Ihnen an verschiedenen Körperteilen dosierte Widerstände. Versuchen Sie, Ihre Position zu halten.

Ergänzende Übungshinweise:
- Halten Sie den Kopf in Verlängerung Ihrer Wirbelsäule.
- Diese Übung schult auch Ihr Gleichgewichtsgefühl.

Partner- und Gruppenübungen

Entspannung

Entspannung mit dem Ball

Übungsbeschreibung:
1. Legen Sie sich in Rückenlage auf den Boden, die Unterschenkel auf den Ball.
2. Überkreuzen Sie die Beine auf Knöchelhöhe. Die Knie lassen Sie locker auseinanderfallen.
3. Ihr Partner bewegt die Beine leicht hin und her.

Ergänzender Übungshinweis:
- Sollte Ihnen das Überkreuzen der Beine unangenehm sein, legen Sie die Füße nebeneinander.

Schüttelentspannung

Übungsbeschreibung:
1. Ihr Partner liegt in Rückenlage auf dem Boden, die Unterschenkel auf dem Ball.
2. Ziehen Sie die Füße leicht heran, so daß sich das Becken leicht vom Boden abhebt.
3. Schütteln Sie Ihren Partner mit leichten Bewegungen aus.

Ergänzender Übungshinweis:
- Sollte Ihnen das Heranziehen zu anstrengend sein, setzen Sie sich auf die Füße Ihres Partners und rollen mit dem Ball etwas nach hinten.

Ballmassage

Übungsbeschreibung:

1. Ihr Partner legt sich entspannt auf den Bauch.
2. Bearbeiten Sie seinen Rücken, sein Gesäß und seine Beine mit dem Fitnessball. Neben dem Rollen können Sie weitere Bewegungen ausprobieren, z. B. Vibrieren, Drücken, Streichen.

Ergänzende Übungshinweise:

- Lassen Sie sich von Ihrem Partner Rückmeldung geben, ob es ihm angenehm ist.
- Sie können auch versuchen, sich auf den Ball zu legen und dann auf Ihrem Partner zu rollen (bitte Rückmeldung geben lassen).

Partner- und Gruppenübungen 157

Kurzprogramm Ballgewöhnung und Aufwärmen

Rollen und Prellen
(siehe auch S. 14)

Wiederholungen	Serie	Pause
60 Sek.	1 x	–

Federndes Sitzen
(siehe auch S. 19)

Wiederholungen	Serie	Pause
30 Sek.	2 x	15 Sek.

Hinsetzen und Aufstehen
(siehe auch S. 19)

Wiederholungen	Serie	Pause
20 Sek.	2 x	10 Sek.

Beckenkippung im Sitzen
(siehe auch S. 20)

Wiederholungen	Serie	Pause
30 Sek.	2 x	15 Sek.

Seitliche Beckenkippung im Sitzen
(siehe auch S. 22)

Wiederholungen	Serie	Pause
30 Sek.	2 x	15 Sek.

Ball-Aerobic
(siehe auch S. 28)

Wiederholungen	Serie	Pause
60 Sek.	2 x	15 Sek.

Hampelmann
(siehe auch S. 30)

Wiederholungen	Serie	Pause
10–15 x	2 x	15 Sek.

Kurzprogramm Ballgewöhnung und Aufwärmen

Kurzprogramm Bauch – Beine – Po

Oberschenkel- und Wadenmuskulatur
(siehe auch S. 74)

Wiederholungen	Serie	Pause
10–15 x	2 x	20 Sek.

Bauchmuskulatur
(siehe auch S. 58)

Wiederholungen	Serie	Pause
3 x 10–15 Sek.	2 x	20 Sek.

Beininnenseite (Oberschenkelanzieher) und Bauchmuskulatur
(siehe auch S. 78)

Wiederholungen	Serie	Pause
3 x 10–15 Sek.	2 x	20 Sek.

Bauchmuskulatur
(siehe auch S. 64)

Wiederholungen	Serie	Pause
2x 10–15x	2x	20 Sek.

Gesäßmuskulatur
(siehe auch S. 70)

Wiederholungen	Serie	Pause
3x 10–15 Sek.	2x	20 Sek.

Vordere Oberschenkelmuskulatur (an der Wand oder mit dem Partner)
(siehe auch S. 145)

Wiederholungen	Serie	Pause
3x 10–15 Sek.	2x	20 Sek.

Kurzprogramm Ganzkörperkräftigung (leicht)

Ganzkörperkräftigung
(siehe auch S. 90)

Wiederholungen	Serie	Pause
3 x 10–15 Sek.	2 x	20 Sek.

Bauchmuskulatur
(siehe auch S. 62)

Wiederholungen	Serie	Pause
3 x 10–15 Sek.	2 x	20 Sek.

Rücken- und Gesäßmuskulatur
(siehe auch S. 48)

Wiederholungen	Serie	Pause
3 x 10–15 Sek.	2 x	20 Sek.

Ganzkörperkräftigung
(siehe auch S. 92)

Wiederholungen	Serie	Pause
3x 10–15 Sek.	2x	20 Sek.

Ganzkörperkräftigung, Mobilisierung der Wirbelsäule
(siehe auch S. 83)

Wiederholungen	Serie	Pause
8–10x	2x	15 Sek.

Rückenmuskulatur
(siehe auch S. 43)

Wiederholungen	Serie	Pause
3x 10–15 Sek.	2x	20 Sek.

Kurzprogramm Ganzkörperkräftigung (schwer)

Rücken- und Gesäßmuskulatur
(siehe auch S. 54)

Wiederholungen	Serie	Pause
2 x 10–15 x	2 x	20 Sek.

Bauchmuskulatur
(siehe auch S. 60)

Wiederholungen	Serie	Pause
3 x 10–15 Sek.	2 x	20 Sek.

Ganzkörperkräftigung
(siehe auch S. 92)

Wiederholungen	Serie	Pause
2 x 10–20 x	2 x	20 Sek.

Rückenmuskulatur
(siehe auch S. 46)

Wiederholungen	Serie	Pause
3 x 10–15 x	2 x	20 Sek.

Ganzkörperkräftigung
(siehe auch S. 94)

Wiederholungen	Serie	Pause
3 x 10–15 Sek.	2 x	20 Sek.

Ganzkörperkräftigung
(siehe auch S. 96)

Wiederholungen	Serie	Pause
3 x 10–15 Sek.	2 x	20 Sek.

Kurzprogramm Ganzkörperkräftigung (schwer)

Kurzprogramm Koordination

Bauchmuskulatur
(siehe auch S. 61)

Wiederholungen	Serie	Pause
3x 10–15 Sek.	2x	20 Sek.

Gesäß- und Rückenmuskulatur
(siehe auch S. 71)

Wiederholungen	Serie	Fause
3x 10–15 Sek.	2x	20 Sek.

Rückenmuskulatur
(siehe auch S. 45)

Wiederholungen	Serie	Pause
3x 10–15 Sek.	2x	20 Sek.

Vierfüßler
(siehe auch S. 36)

Wiederholungen	Serie	Pause
3 x 8–10 Sek.	2 x	20 Sek.

Knien auf dem Ball
(siehe auch S. 35)

Wiederholungen	Serie	Pause
3 x 10–15 Sek.	2 x	20 Sek.

Positionswechsel
(siehe auch S. 38)

Wiederholungen	Serie	Pause
4–6 x	2 x	20 Sek.

Kurzprogramm Koordination

Kurzprogramm Partnerübungen

**Vordere
Oberschenkelmuskulatur**
(siehe auch S. 145)

Wiederholungen	Serie	Pause
10–15 x	2 x	20 Sek.

Rücken- und Gesäßmuskulatur
(siehe auch S. 138)

Wiederholungen	Serie	Pause
3 x 10–15 Sek.	2 x	20 Sek.

Ganzkörper
(siehe auch S. 148)

Wiederholungen	Serie	Pause
3 x 10–15 Sek.	2 x	20 Sek.

Bauchmuskulatur
(siehe auch S. 141)

Wiederholungen	Serie	Pause
3 x 10 – 15 Sek.	2 x	20 Sek.

Rücken-, Arm- und Schultergürtelmuskulatur
(siehe auch S. 139)

Wiederholungen	Serie	Pause
3 x 10 – 15 Sek.	2 x	20 Sek.

Ganzkörperkräftigung
(siehe auch S. 146)

Wiederholungen	Serie	Pause
3 x 10 – 15 Sek.	2 x	20 Sek.

Kurzprogramm Partnerübungen

Kurzprogramm Fitnessball und Thera-Band

Schultergürtelmuskulatur
(siehe auch S. 107)

Wiederholungen	Serie	Pause
3 x 10–15 x	2 x	20 Sek.

Bauchmuskulatur
(siehe auch S. 104)

Wiederholungen	Serie	Pause
3 x 10–15 x	2 x	20 Sek.

Aufrichtemuskulatur der Brustwirbelsäule
(siehe auch S. 102)

Wiederholungen	Serie	Pause
3 x 8–10 x	2 x	20 Sek.

Rückenmuskulatur

(siehe auch S. 100)

Wiederholungen	Serie	Pause
3 x 8–12 x	2 x	20 Sek.

Gesäßmuskulatur

(siehe auch S. 110)

Wiederholungen	Serie	Pause
8–15 x	2 x	20 Sek.

Arm-, Schultergürtel- und Brustmuskulatur

(siehe auch S. 108)

Wiederholungen	Serie	Pause
8–15 x	2 x	20 Sek.

Kurzprogramm Dehnung und Entspannung

Dehnung der hinteren Oberschenkelmuskulatur
(siehe auch S. 114)

Haltezeit: 20–30 Sek.

Dehnung der Hüftbeugermuskulatur
(siehe auch S. 116)

Haltezeit: 20–30 Sek.

Dehnung der hinteren Hüftmuskulatur
(siehe auch S. 117)

Haltezeit: 20–30 Sek.

Rückenlage auf dem Ball

(siehe auch S. 26)

Haltezeit: 20–30 Sek.

Entspannung, Entlastung der Wirbelsäule

(siehe auch S. 27)

Haltezeit: 20–30 Sek.

Entspannung, Stufenlagerung

(siehe auch S. 121)

Dauer: 2–10 Minuten

Kurzprogramm Dehnung und Entspannung

Anhang

Der Muskelapparat

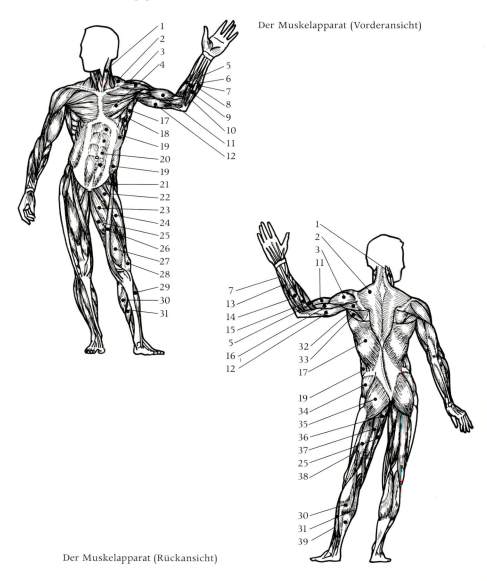

Der Muskelapparat (Vorderansicht)

Der Muskelapparat (Rückansicht)

174   **Der Muskelapparat**

1	Kopfwender
2	Kapuzenmuskel
3	Dehnmuskel
4	Großer Brustmuskel
5	Oberarmspeichenmuskel
6	Radialer Handbeuger
7	Ulnarer Handbeuger
8	Langer Hohlhandmuskel
9	Fingerbeuger
10	Runder Einwärtsdreher
11	Zweiköpfiger Armmuskel
12	Dreiköpfiger Armmuskel
13	Ulnarer Handstrecker
14	Fingerstrecker
15	Langer radialer Handstrecker
16	Armbeuger
17	Breiter Rückenmuskel
18	Vorderer Sägemuskel
19	Äußerer schräger Bauchmuskel
20	Gerader Bauchmuskel
21	Schenkelbindenspanner
22	Kamm-Muskel
23	Langer Schenkelanzieher
24	Vierköpfiger Schenkelmuskel
25	Schlanker Muskel
26	Schneidermuskel
27	Innerer Schenkelmuskel
28	Kniescheibe
29	Vorderer Schienbeinmuskel
30	Zwillingswadenmuskel
31	Schollenmuskel
32	Untergrätenmuskel
33	Großer Rundmuskel
34	Mittlerer Gesäßmuskel
35	Großer Gesäßmuskel
36	Langer Schenkelanzieher
37	Halbsehnenmuskel
38	Zweiköpfiger Schenkelmuskel
39	Langer Wadenbeinmuskel

(nach Jonath, U., 1986, Zeichnungen: Horst Jonath)

Literaturverzeichnis

Illi, U., Fuchs, H. (1995). *Vom Sitzball zum Gymball.* In: Sporterziehung in der Schule 2/95
Jordan, A., Hillebrecht, M. (1996). *Gymnastik mit dem Pezziball.* Aachen: Meyer & Meyer
Kempf, H.-D., Schmelcher, F., Ziegler, C. (1996). *Trainingsbuch Rückenschule.* Reinbek: Rowohlt
Kempf, H.-D., Schmelcher, F., Ziegler, C. (1996). *Trainingsbuch Thera-Band.* Reinbek: Rowohlt
Klein-Vogelbach, S. (1990). *Ballgymnastik zur Funktionellen Bewegungslehre.* Berlin: Springer
Konerding, M. A. (1994). *Übungen für die Wirbelsäule mit dem Fitnessball.* In: Krause (Hg.). *Rückenschul-Almanach.* Eltville: Othegraven
Kucera, M. (1996). *Gymnastik mit dem Hüpfball.* Stuttgart: Fischer
Rößler, S. (1988). *Krankengymnastische Gruppenbehandlung – mit Pfiff.* Stuttgart: Fischer

Produkthinweis:

Die in diesem Buch abgebildeten Fitnessbälle und Thera-Bänder können Sie auch direkt bestellen bei der Firma Thera-Band GmbH, Mainzer Landstraße 19, 56589 Hadamar, Tel. 06433-91650, Fax 06433-916565.

Der Autor

Hans-Dieter Kempf, Jahrgang 1960, studierte Physik und Sportwissenschaft an der Universität Karlsruhe. Er entwickelte 1986 die Karlsruher Rückenschule, ist Mitbegründer und Vorstandsmitglied des bundesweiten Forums Gesunder Rücken – besser leben e. V. und war/ist maßgeblich beteiligt am Aufbau und der Weiterentwicklung der Rückenschulbewegung in Deutschland. Neben seiner selbständigen Tätigkeit als Trainer, Projektleiter und Unternehmensberater in den Bereichen Ergonomie und Gesundheitsförderung ist er als Referent und Lehrbeauftragter für zahlreiche Institutionen im Inland und Ausland tätig. Im Rowohlt Taschenbuch Verlag sind bereits von ihm erschienen: Die Rückenschule (Nr. 19793), Rückenschule für Kinder (Nr. 61727), Trainingsbuch Rückenschule (Nr. 61618), Trainingsbuch Thera-Band® (Nr. 19452), Fit und schön mit dem Thera-Band® (Nr. 19479), Krafttraining mit dem Thera-Band® (Nr. 19484), Rückentraining mit dem Thera-Band® (Nr. 61001), Der Hantel-Krafttrainer (Nr. 61013), Fit und schön mit Hanteln (Nr. 61020), Einfach fit und gesund (Nr. 61391), Hometrainer Fitness (Nr. 61045), Schnellhelfer Rückenschmerz (Nr. 61680). Seine Bücher sind in mehrere Sprachen übersetzt.